JN438922

님께

세상을 향해
흘려보내는 이 시들이
깊은 고독 속에 사는 이들에게
부디,
작은 위로가 되기를 소망한다

황금찬 시인은
최철원 시인의 등단 심사평에서
이렇게 말했다

“최철원의 시는 장점이 있다
어렵지 않은 시어로
순수하게 시를 적어내는 것은
곧 어렵거나 난해하지 않고
읽는 이가
시적 화자의 마음을 읽을 수 있는 것이 장점이다”

사십을 앞둔 깊은 고독

최 철 원 시집

그림과책

못난 아들에게
마르지 않은 사랑의 샘이 되어 주신
어머니의 손에 이 시를 올려 드립니다.

차 례

1부

2부

3부

4부

1부

인생의 길을 갈 때
깊은 절망 속에서
무언가를 붙잡고 싶을 때
내 오랜 인내로 길러낸 시가
희망의 나뭇가지가 되기를

헌책방에서

향기 속에 오래 있으면
그 향기가 배어
같은 향기를 가지듯이
손때 묻은 책은
그 책을 가진 사람에게
행복으로 물들게 한다

헌책방에서 만난
오래되고 낡은 책을 보며
세월이 지나면서
겉은 낡았지만
그 속에 가득 찬 보물이
거쳐 간 사람들을
얼마나 풍요롭게 했을까

나이 들어
헌책 같은 나를 본다

나는
나를 거쳐간 사람들에게
얼마나 행복하게 했으며
그들을 풍요롭게 했을까?

7월의 장맛비

푸르디푸른 녹음은
더위에 지쳐가고

쉼 없이 달리던 철마는
달아오른 철로의 열기에
간이역에 멈추어 섰다

장대비가 내린다
한 해의 절반을 돌아온
숨 가쁜 중년에게
위로라도 하듯
하늘에서
비가 내린다

잠시 쉬어가는 시간이다

아버지의 구두

아버지의 건강이 예전 같지 않고
뵌 지도 오래되어 찾은 시골집
모처럼 만에 뵌 부모님은
자신들보다
아들 걱정이 앞서신다

한참 이야기를 나누다
아들의 낡은 구두를
물끄러미 보시더니
당신의 구두 한 켤레를
꺼내 놓으신다

"이제는 힘이 없어
구두를 신고 다니기 힘드니
네가 신었으면 좋겠다" 하신다

아버지의 평생 가신 길이
사람을 만들고, 세우신 일이셨는데
이제 아버지의 구두를 받았으니
당신이 가셨던 길
주신 구두 곧추 신고
그 길을 가오리다

시인의 기도

사막의 여행자가
죽을 것 같은 갈증으로
한 모금의 물을 구할 때
내 눈물로 짜낸 시가
오아시스가 되기를

인생의 길을 갈 때
깊은 절망 속에서
무언가를 붙잡고 싶을 때
내 오랜 인내로 길러낸 시가
희망의 나뭇가지가 되기를

얼음장처럼 식어
세상 어디에도
따뜻함을 찾을 수 없을 때
내 가슴 속 깊은 곳에서
누에처럼 뽑아낸 시가
한 벌 털옷이 되기를 갈망한다

사십을 앞둔 깊은 고독

내일 모래면
사십
불혹의 나이라지만
앞길이 막막하다

십 년을 넘게 살아온 마누라는
모래알 같고
자라 올라오는
아이들의 모습에서
두려움이 앞선다

어디를 둘러보아도
내 자리가 없는 세상

나는 길을 잃었다

누구나 가슴 아픈 사연 하나는 가지고 산다

누구나
가슴 아픈 사연 하나는
가지고 산다

진주조개 속에 박힌
모래 알갱이처럼
가슴 속 깊이 박혀
어떤 따뜻한 말로도
위로받을 수 없는
내 마음속의 깊은 슬픔

꺼내 버리고 싶지만
꺼낼 수 없다면
그냥 품고 살겠습니다
오랜 시간이 지난 후
가슴 아린 사연은
영롱한 진주가 되겠지요

누구나
가슴 아픈 사연 하나쯤은
가지고 살기 마련이니까요

시간의 포로

울리는 자명종을 잠재우고
잠시 졸았던 시간이
하루 종일
나를 끌고 다녔다

허겁지겁한 고양이 세수
버스 정류장을 향한 달음박질
만원 버스의 출입문에 매달렸을 때의 안도감
지하철에서 끼어라도 타려는 몸부림
아침 결재 서류로 인한 허둥거림
굶은 아침 때문에 구내식당에서 했던 새치기
쌓여만 가는 보고서
설상가상으로 일어난 편두통
비를 맞으며 돌아왔던 퇴근길

오늘 하루
시간의 수용소 안에서
포로처럼 끌려다녔다

어디 길이 먼저 있었던가

창가에 앉아

봄비가 내려앉은 산을 본다

비는
길을 정해 놓고 내리지 않는다
내린 빗물이 모여
길을 만들면 길이 되었다

비가 내려
도랑이 생기고
개천이 되고
강이 되고
바다에 이르듯이

인생의 길이 없다고
실망하지 말자
그저 열심히 살다보면
길이 생기고
길을 따라가다 보면
머물 곳에 다다르겠지

어디 길어 먼저 있었던가

눈이 내린다 신나지 않다

눈이 내리면
세상은 온통 순백의 세상으로 바뀌고
내가 사는 세상은 마술을 부린 하늘 덕분에
전혀 새로운 세상이 된다

조금 춥긴 해도 참 좋은 일인데
언제부턴가 눈이 내리는 걸
신나지 않는 자신을 발견했다

언제부터일까
생각해 보니
아마 군대 갔을 때부터가 아닐까
겨울에 눈이 오면 제설 작업이란 걸 했다
부대 전체 이동 통로를 다 치우고
부대 높은 분이 테니스를 좋아해서
테니스장의 눈을 치우고
땅이 젖지 않도록 무거운 방수포를
테니스장 전체에 덮어야 했다

운전을 한 후 처음으로 사고가 난 날도
눈이 내리는 날이었다

지하철 공사가 한창인 도로에서
정지신호에 멈춰 섰는데
차는 복공판 위를 스케이트 타듯 미끄러져 버렸다
그 후로 눈 오는 날은 식은땀이 나는 날이 되었다

오늘도 눈이 내린다
신나지 않다

나의 어머니

어느 시인이
'울고 사나 웃고 사나
한평생은 꿈이라오'라고
노래했던 것처럼
어머니의 팔순의 시간이
꿈결같이 흘렀습니다

그 시간 속에 있는
당신의 고통이
나에겐 생명이 되고
당신의 눈물로 인해
이렇게 자랐지만
감사하지 못하고 살았습니다

언제 어디서나
우리에게 늘 넉넉한
마음의 고향이신 어머니

삶이 힘들 때마다
어머니를 부르면

마음속에
희망이 솟아납니다

고향집 찾아왔다 떠날 때마다
터미널까지 나오셔서
떠나가는 자식을 향해
웃으시며 흔들어주셨던
어머니를 기억합니다

힘들어 아프다 할 때마다
자신이 아픈 것처럼
마음 아파하셨던
어머니의 그 사랑을
기억합니다

그리고
어머니가 하셨던 것처럼
사랑의 강물을 흘려보내
희망의 강변에서
많은 생명들이
다시 노래를
부르게 하겠습니다

어머니,
사랑합니다

난 참 바보다

소풍 가는 아이처럼
들뜬 마음으로 만난 사람

하지만
난 참 바보다
좋아하는 사람이
옆에 있는데
손도 잡지 못하고
돌아서 왔네

그리고 보낸 문자
"오늘도 너무 고맙습니다"

그래,
참 바보다

봄바람

남해바다
사량도를 지나온 바람이
해안가 언덕배기
동백꽃 꽃망울을 피우고

면사무소 앞
버스정류소에서 잠시 쉬었다가
학동마을로 가는 신장로에서
봄보리로 만든 보리순 개떡을
한 입 베어 물었다

하늘하늘 불어오는 봄바람에
마을 회관 앞
순이 마음도 열리고 있다

입춘

아직
봄이라 말하기는
이른 시간
동장군의 시샘이 매섭다

하지만 입춘.
봄으로 들어섰다니
마냥 기쁘기만 하다

이제,
따스한 햇살이
겨울의 꼬리를
조금씩 잘라 가면

우리 집 처마에선
낙숫물이
실로폰 소리처럼 울리고
희망처럼 솟아오를
봄의 새싹들이
그리워진다

추석달

추석달이
유난히 큰 것은
그리움이 가득 담겼기 때문입니다

뒷산
할아버지 산소 가는 길에
늘어섰던 밤나무와
마당 한 편에서
발그레하게 익은
감나무에 대한 그리움과
늘 환한 얼굴로 맞아 주셨던
어머니를 향한 그리움이
둥근 한가위 달이 되었습니다

치통齒痛

밥을 먹다가
어금니가
툭 떨어져 나왔다

몇 달 동안
음식을 먹을 때마다
아프다 소리쳤는데
잇몸이 약해져서 그렇다는
의사의 말만 믿고
애써 외면했다

아픈 이빨
살펴보지 않고
나 아픈 것만 생각해
정말 미안했다

바람 부는 날

바람이 몹시 부는 날이면
온몸으로 노래하는
젊은 가수의 노래를 듣고 싶다

추운 겨울밤
얼어붙은 대지를
살로써 밀어 올리는
서릿발처럼
아프고 설운 계절을
뜨거운 가슴으로 울어줄 수 있는
소나무를 바라본다

떡갈나무 낙엽 속에서
정의를 위해 달리다
말라버린 얼굴이
하나,
둘 아롱질 때면
온 몸으로
온 몸으로
노래하는 젊은 가수의
노래를 듣고 싶다

폭염

연일 계속되는
폭염으로
비가 오려나

바라본 하늘에는
태양이
무서운 얼굴을 하고 있다

옥상에 만든
작은 텃밭엔
상추와 고추 그리고
방울토마토들이
축 처진 모습으로
돌아앉아
한줄기 소나기에 대한
이야기로 한창이다

회양목 두 그루

화단에 심어진
회양목이 죽어간다

무더운 여름을
잘 견딘다 했더니
누렇게 잎이 말라간다

푸르던 잎사귀가
말라가는 걸 보면
이제
그만 살기로 했나 보다

뿌리를 파보지 않아
속사정이야 알 수 없지만
못내 아쉬운 마음이 든다

그동안
같이했던 정을 생각해
당분간은 그대로 둬야겠다

몸살

오랜만에
막노동을 해서
몸살이 났다

사용하지 않던 근육이
모처럼 일을 해서
쑤시고 아프다

편안한 것에
익숙했는데
내 안에
다른 것이 있음을
느끼게 해 주었다

그리고 감사한다

드러나지 않고
묵묵히 나를 지탱해 주었던
또 다른 근육들이 있음에
감사한다

2부

눈이 오면
세상은 온통 순백의 세상
그 깨끗함 속에
우리의 사랑의 발자국이
다시 시작되기를

25시 일기

석양에 비낀 그림자보다
더 긴 피곤이 내려앉은 거리는
태엽이 풀린 시계처럼
녹슨 척추동물 위로
내려앉아
더 자라기를 싫어하는
앉은뱅이 나무를
액자 속으로 집어넣는다

길거리엔
한 무더기의 바람이 지나가고
흔들리는 등불은
차이콥스키의 교향곡을
힘겹게 읊조리다
고개를 곧추세운 채
무표정한 얼굴로
건너편
어둠을 힘겹게 바라본다

언어는 길을 떠나
번지도 알 수 없는

빈민가의 판잣집 위로 맴돌고

새근거리며 자는
아기는
막 깨어난 가을 바다의
출렁이는 파도를 타고
막 깨어난 가을 바다의
출렁이는 파도를 타고
먹빛 가득한
도시에 희망의 기지개를 기다린다

1월

새해가 시작되고
모든 것을 뒤로한 채
다시 시작하는 달

12월과 1월이
다르진 않지만
달라진 건
내 마음속의 희망이리라

꽁꽁 얼어붙은 대지 속에서
새싹이 움트는 봄을 바라고
기울어져 가는 저녁달 속에서
다시 차오를 보름달을 기대한다

아무리 어려워도
훌훌 털고
다시 시작할 수 있다면
1월의 축복을 누리는 사람이리라

운명

그대를 처음 본 순간
내 영혼 속으로
말할 수 없는 떨림이
들어왔습니다

한 번도
경험해 보지 못한
기쁨이었습니다

이미
오래전부터
약속된 것처럼
사랑에 빠졌습니다

운명이라고
말할 수밖에 없는
그런 사랑입니다

길을 잃고 추억을 얻다

황학동에서 가구를 사기 위해 길을 나섰다
전철을 타고 신당동에서 내려야 하는데
잘 못 내려 을지로 입구에 내렸다
다시 전철을 타고 가면 될 것을
젊은 20대 시절 수없이 다녔던 길이어서
걸어서 금방이라도 갈 것 같았다

명동 성당 길을 지나
남산1호터널로 가는 길이 보이고
을지로3가로 들어서면
타일 가게, 도기 가게들이 줄줄이 늘어서 있다
그리고 아크릴 가게와 조명 가게들
조금만 더 가면 그다음은 철물점들이 줄 서 있을 것이
다
물감 가게들이 나타나고
벽지와 장판을 파는 방산시장을 따라
훈련원을 지나 동대문 운동장에서 지하도로 건너
조금만 가면 신당동이다

눈을 감고도 갈 수 있는 길이다
금방이라도 갈 것 같았는데

나이가 들어서인지 한참을 걸어
옛 동대문 운동장까지 왔지만
새롭게 만들어진 역사공원공사로 인해
도무지 길을 알 수가 없다
하는 수 없이 한 정거장을 남겨놓고
다시 지하철을 타긴 했지만
젊은 시절 다녔던 길을
다시 걸어본 감회가 새롭다

30년의 세월을 훌쩍 지난 지금도
여전히 그곳에 있는 가게들을 보면서
눈을 힐끔거리며 가게 안에 있는 사람들을
보았지만 옛날에 만났던 사람들이 아니다
하지만,
내 젊은 날에 걸었던 그 길을 다시 걸을 수 있었던 오늘은
참으로 행복한 날이었다
신당동 중앙시장에서 먹은
2,900원짜리 칼국수의 맛을 잊을 수 없다

그런 사람이 있었으면 좋겠습니다

너무 힘들어
손끝으로
'툭' 치면
쓰러질 것 같을 때

지쳐 넘어져
다시는
일어날 힘이
전혀 없을 때

홀로 남겨져
실망과
고통 속에서
낙망하고 있을 때

조용히 다가와
가만히 있어 주는
그런 사람이
있으면 좋겠습니다

정말
그런 사람이
있으면 좋겠습니다

태풍의 눈물

태풍이 지나갈 땐
전신주에서
'삐삐' 소리가 난다
내가 여기 있다는 걸
알려주고 싶어서
외로운 태풍은
지나갈 때
'삐삐' 소리를 낸다

그리고 보면
태풍이 지나갈 때
쏟아지는 빗물은
태풍의 눈물인가 보다
가슴 속에 담긴 사연을
빗물에 담아
하염없는 눈물로 내린다

사람들은
태풍을 무서워하지만
외롭고 아픈 태풍은
자신을 알리고 싶어
그렇게 우리를 찾아오나 보다

10월에는 고독이 낙엽처럼 내린다

10월의 하늘이
솟대 위에
높이 걸렸습니다

높아진 하늘 속에
조각구름
몇 개 떠다니고
저녁 까마귀
하늘 높이 날아오릅니다

높아진 하늘만큼
비인 마음엔
가을의 고독이
낙엽처럼
내리고 있습니다

첫눈

기억하고 있어요
첫눈이 내리면
만나자는 약속

그 차가운
사랑의 약속이
내 마음을 뜨겁게 해요

눈이 오면
세상은 온통 순백의 세상
그 깨끗함 속에
우리의 사랑의 발자국이
다시 시작되기를

첫눈이 와서
다시 시작되는 새로운 세상을
기다리고 있어요

눈물이 때로 희망이 된다

아픈 가슴
말로 할 수 없어
눈물이 납니다

하지만
이 눈물이
땅에 떨어져
새로운 씨앗을
움트게 하는
힘이 된다면

이 눈물은
때로 희망이 됩니다

12월

마지막 남은
달력 한 장
돌아설 수 없는
끝자락에 서 있습니다

미련이 남습니다
못다 이룬 것에 대해
끝까지 애쓰지 못한 것에 대해
손 내밀지 못한 것에 대해
사랑하지 못한 것에 대해

아쉬움은
돌아설 수 없게 합니다

하지만
미련의 어두운 방에
불을 밝히고
끝났다는
쓸쓸함보다
새로운 시작의
꿈을 꾸겠습니다

몽돌해수욕장에서

새벽어둠 속을
달리고 달려
도착한
몽돌해수욕장

수많은 사연을 안고
까만 돌들이
누워있다

까맣게 되도록
살아온
수많은 세월이
얼마나 힘들었을까

쏴-아 차르륵
쏴-아 차르륵
누운 몽돌들을 위로하는
하얀 파도

까맣게 타든 가슴
희망의 푸른 물로 씻어
빛나는 보석이 된다

8월의 기도

8월에는
뜨거운 사랑을 하게 하소서

소원을 두고
기도하는 모든 곳에
8월의 태양 같은
뜨거운 마음을 주어
열매 맺게 하소서

시간이 지나면
잊혀지지만
뜨거운 사랑으로
맺은 열매는
모든 이에게
기쁨이 되게 하소서

11월이 주는 말

점점 추워지는 계절이
무척 두려운 하나에게
또 다른 하나가 다가와
11월이 되었습니다

외로웠던 하나는
의지할 하나가 있어
희망이 생겼습니다

이제 추운 날씨도
그의 곁에 있는 하나 때문에
두렵지 않습니다

11월이 주는 말
혼자 있지 마세요
함께 하세요
사랑을 찾으세요
그러면
훨씬 더 행복해집니다

철쭉이 피면

붉은 입술 굳게 깨물고
떠나신 당신처럼
오월이 되면
님의 입술빛 같은
철쭉이 핍니다

차마,
잡지 못하고
떠나보내야 했던
나의 미숙한 사랑이
붉은 꽃잎 앞에서
부끄러워집니다

가을앓이

높아진
가을하늘만큼
내 마음에
빈자리가 생겼습니다

이 가을 앓이는
빈자리가
채워질 때까지
계속될 것입니다

행복한 겨울나무

추운 겨울
홀로 선 나무는
행복합니다

한 해 동안
수고한 열매를 놓고
사랑하는 사람들이
두런두런 나누는
이야기 소리에
행복합니다

아궁이 속에서
자신의 온몸을 태워
가난한 사람들에게 전해진
낙엽들의 따뜻한 온기에
행복합니다

꽁꽁 얼어붙어
어느 곳에서도
희망을 찾을 수 없지만
아무도 보이지 않는 곳에서

새순을 준비하는
뿌리들의 합창 소리에
행복합니다

행복은 없습니다

나는 내일이면 행복하리라 믿었습니다
하루하루 행복을 꿈꾸며 살았습니다

고등학교 졸업하면
대학을 졸업하면
직장에 취직하면
승진하면
결혼하면
아이가 있으면
아이들이 자라면
자동차를 사면
내 집을 가지면
해외여행을 하면
하면, 하면, 하면

그러나
어디에도 행복은 없었습니다

지금 내 자리에서
행복을 찾지 못하면
어디에도
행복은 없었습니다

바람이 불면

바람이 불면
바람 소리가 난다
하지만 소리는
제각각

바람에
무엇이 부딪히느냐에 따라
다른 소리를 낸다

나는 무슨 소리를 내며
살아가고 있는가
세상살이라는 바람 앞에서
나는 무슨 소리를 내며
살아가고 있나

마음 미인

피부가 백옥같이 하얀 사람을
피부미인이라 부르지요

그런데, 저는
피부미인이 될 수 없습니다
조금만 햇빛을 받아도
금방 까매지니까요

그래서 저는
피부미인이 되기보다
마음 미인이 되기로 했습니다

까매지는 얼굴 때문에
속상하기보다
매일매일
마음을 깨끗하게 가꾸어 보려고요

비록 피부미인은 될 수 없지만
마음이 깨끗한 마음 미인
더 아름다운 사람 아닐까요

함성으로 답하자

척박한 팔레스티나 보다
더 척박한 우리 땅을 한탄하며 떠난
어느 열사의 이야기가 아니더라도 좋다
우린 벌써부터 피부로 느끼며
마음 졸이며
온 몸 움츠리며 살아오지 않았던가
지척을 분간할 수 없는
어둠, 어둠 속에서
이 땅을 힘으로 누르는 사악한 무리들에게
숨통 조이며 살아오지 않았던가
그러나
순리는 거역되지 않는 법
꽁꽁 얼어붙었던 대지에서 새싹이 돋아나듯
우리에게 새 날을 알리는 봄소식이
남쪽 끝에서 들려오고 있다.
형제여
이제 조였던 숨통에
들려오는 새 날의 기운을 한껏 불어 넣어
뜨거운 함성으로 대답하자
그 날은 우리의 함성소리에
기쁜 걸음으로 다가오고야 말리라

3부

당신을 기다리는
시간의 길이만큼
나의 고통도 더해 가지만
그래도 당신을 기다리는 것은

2월

칼끝 바람이
아직은
귓불을 에우는 2월

길가에 선
목련은 벌써
기지개를 켜고
대지는 소리 없이
분주하다

문 뒤에 숨어
오실 님을 기다리는
새색시의 마음으로

나도,
봄마중을 시작해야겠다

봄의 철길을 걷다

바람이 심하게 부는 봄날에
철로 위를 걸어갑니다

빈손으로 보낸
겨울을 뒤로하고
두 줄 철로 사이를
걸어갑니다

혼자 걷는 길이라
힘들기도 하지만
부는 바람 사이로
설레는 봄의 기운이 있기에
침목枕木을 하나씩
밟으며 갑니다

이 봄에는
마음 속 깊이 숨겨 두었던
희망의 설레임이
기차의 기적소리처럼
온 땅에 울려 퍼지길 기대하며
봄의 철길을
걸어갑니다

자작나무는 봄이 어떻게 오는지 알고 있다

북쪽의 찬바람을
온 몸으로 막아선
자작나무는
곧고 단단한 몸을
하늘 끝까지 펼치고
온 몸이 하얗게 되도록
견디고 서 있다

연한 잎을 틔울 봄을
얼마나 참고 기다렸으면
옹이진 모습이
씨름판 장사의 팔에
툭 튀어나온 힘줄처럼
애처롭다

봄은, 그렇게
온 몸으로
견디며 기다리는
자작나무 숲의
작은 오솔길 사이로 오나 보다

5월의 연가

연둣빛 잎사귀
햇살을 받아
생명의 강물이 되어
흘러넘치는 5월

저 사랑스런 푸르름이
심장을 두드려
내 나이 스무 살로 돌아가
불타는 사랑의 고백을 하게 한다

천상의 빛깔을 품은
오월의 신록 아래
내가 살아있음이
행복하다

아! 눈부신 5월이여

봄을 향한 그리움

며칠 따스한 날씨가
갑자기 추워졌다

고개를 내밀던
철 이른 개나리의
새파랗게 질린 얼굴에서
봄을 향한
그리움을 본다

"너도, 이 겨울이 추운 게지"

무언가를 그리워한다는 것은
가슴이 따뜻해지는 일이다

속히 봄이 왔으면 좋겠다

그대 날 기억하나요

어느 날 갑자기
선언한 이별
그리고 훌쩍 떠나버린 그대여
그러나 나는
여전히 그대를 기다리고 있습니다

내 마음은
매일,
그대 곁을 맴돌고 있습니다

긴 시간이 지난 지금
그대는
나를 기억하나요
내 이름은 생각나시나요

오랜 시간이 지난 지금도
여전히 그대를 기다립니다

그리고 여전히
나는,
당신을 사랑합니다

천천히 걸어야겠다

정신없이 달려오다
문득 돌아본
시간의 뒤편
너무 과속하며 달려왔다

따사로운 햇빛 받으며
유유히 흐르는 강물의 여유로움을
보지 못하고

동네 꼬마들의
재잘거리는 소리
듣지 못하고

라일락 가득 핀
정원의 향기
맡지 못하고

정신없이 살아왔다

이제
봄이면 다시 돋아나는 새잎의 푸르름과
하늘 높이 날아오르는 새들의 지저귐과
감미로운 아카시아 향기에 취하며

천천히 걸어야겠다

6월의 이별

안녕
6월이여
이렇게 말하는 것이
너무 가슴 아프다

여린 잎새가
훌쩍 커버려
청청한 하늘을 가린
플라타너스처럼
어색하기만 하고

사랑의 맹세는
떨어진 장미 꽃잎같이
바람을 따라
거리를 헤맨다

이별은
만남의 기약이라지만
애써 웃는 얼굴로
손 흔드는
이별의 인사가
너무 가슴 아프다

갈등

망설인다

그러다
바보처럼
아무것도 못하고
멈추어 서 있다

밤의 연가

깊은 밤
자리에 누워 뒤척인다

거리는 더없이 고요하고
이따금 들리는 개 짖는 소리

그런 밤이면
어김없이 떠오르는 그리운 얼굴
사랑은 왜 고통과 함께 오는가?

내가 선택한 고통이기에
온 몸으로 받아들여야 하지만
그래도 사랑은 괴롭다

떨어져 있어도
마음은 항상
그대 곁으로 달려가고

그래도
당신 때문에
나의 창가엔 숨 막히도록
고운 별빛이 내리우다

아시나요

아시나요
누구를 기다리면서
무수히 많이 시계를 보고
무수히 많이 전화기를 보는 마음

몇 컵이 될지 모르는
물을 마신 기억들

사시나무가 바람에 떨리듯
초조하게 기다린
그 밤의 기다림을

그 기다림이
지금도
계속되고 있습니다

사랑은 참 힘이 듭니다

누군가
나를 사랑해 준다는 것은
참 행복한 일입니다
그래서 사랑받을 때
행복합니다

누군가를 사랑할 때
기쁨이 있다고 하지만
자기를 희생해야
빛을 발하는 것이기에
사랑한다는 것은
참, 힘이 듭니다

그래도 우리는
사랑받기 위해
사랑하기 위해
태어났습니다

낙엽

가을이 다 지나가도록
낙엽 하나 줍지 못하고
낙엽 하나 밟지 못했습니다

낙엽을 보면
꼭
나무가 보낸
그리운 누구에게 보낸 편지 같아서
서랍 속에 보내지 못한
내 편지 같아서

가을맞이

'어정칠월, 동동 팔월'이라
추수를 준비하는
농부들의 손놀림이 바빠졌지만
쨍쨍하던 여름 태양이
한풀 꺾여 한결 서늘하다

문득,
떠나신 님의 생각에
하늘에 뭉게구름
피어오르고
귀뚜라미의 노랫소리가
점점 구슬프다

연탄난로

작년 겨울
점점 추워지는 날씨에
서둘러 찾았던 연탄난로와
잠시 이별이다

우리의 얼어붙은 손을
다시 훈훈한 나눔의 손으로
꽁꽁 닫힌 마음을
따뜻한 사랑의 마음으로
바꿔 주었던 고마운 연탄난로

하로동선이라 하였던가
때가 되면 다시 찾게 될 날을 기다리며
봄바람에 추운 날씨지만
이제 봄이 되었으니
잠시 이별을 하자

행복한 인생 여행

아침에
희망을 품고
눈을 뜨고

매 순간
작은 기쁨을
가슴에 채우며

만나는 사람에게
칭찬의 물을
부어 주고

어려움이 올 때마다
이길 수 있다는
용기를 붙잡고

하루의
마지막 시간에
감사의 노래를
부를 수 있다면

나의 인생길은

행복하리라

교회 옆 은행나무

참 오랫동안
지켜온 은행나무와
작별을 고한다

그동안
참 많은 열매를 주었는데
그리고 황금빛 손을 흔들며
가을의 정취를 한껏 더해 주었는데
이유 없이 작별을 해야 한다니
참 슬프다

봄철에 돋아난 이파리가 주었던
희망을 기억한다

여름날의 뜨거운 태양을
온 몸으로 막아 주었던
수고를 기억한다

가을날의 황금빛 열매들과
노란 손수건을 흔들며
반겨주었던 너의 얼굴을 기억한다

한겨울
춥고 힘들 때
함께 울어 주었던
너의 울음소리를 기억한다

오랫동안
묵묵히 함께 해 주었던 너를
이유 없이 보내야 한다니
참 슬프다

기다림

시간이
오래 지났습니다
그래도 당신은 오지 않았습니다

하늘의 별빛이
더 밝게 빛나는
그때도
당신은 오지 않았습니다

당신을 기다리는
시간의 길이만큼
나의 고통도 더해 가지만
그래도 당신을 기다리는 것은

이대로 일어서면
다시 당신을 만날 수 없을 것 같은
두려움 때문입니다

이 밤을
하얗게 지새우더라도
나는 당신을
기다리겠습니다

형아야 돌아갈란다

형아야
이제는 내 고향 남쪽 바다로 돌아갈란다
파아란 카바이드 불빛 아래
회와 꼼장어를 구워놓고
죽마의 친구들과
술잔을 기울이는 남쪽의 바닷가로

밤만 되면 활기를 띠는 노천 술집
등불 빛 밑에서 하루의 피로를 풀기 위해
하루살이처럼 모여들고
먹음직스런 회 접시 속에는
밤이 깊어도
지치는 기색이 없던
그 아낙의 얼굴을 보러 갈란다

나 집 떠나 서럽던 마음
부두를 떠나는 배에 실어
깊은 물 속에 잠재울 수 있는
남쪽의 바닷가
형아야
우리 집으로 돌아갈란다

4부

바람이 분다
조용하던 갈릴리에
풍랑이 이는 것처럼
바람에
마음에 파도가 인다

내 마음에 바람이 분다

바람이 분다
조용하던 갈릴리에
풍랑이 이는 것처럼
바람에
마음에 파도가 인다

이 파도
잠재우려면
사랑하는 님의
목소리 들어야 하는데

바람이 분다
길가에 낙엽들이
바람 따라 흩날리듯
마음에 슬픔이
휘돌아간다

이 슬픔
잠재우려면
사랑하는 님의
따스한 품이 필요한데

부는 바람만 있을 뿐
어디에도
님의 소리 없고
님의 따스함 찾을 길 없네

야속한,
야속한 바람만 분다

당신을 닮고 싶습니다

알고 계세요
'당신을 사랑한다'는 말보다
'당신을 닮고 싶습니다'라는 말이
훨씬 더 깊은 표현이라는 거

사랑은 과정이지만
닮는 것은 사랑의 결과입니다

사랑하게 되면
당신의 생각
당신의 습관
당신의 표정까지
좋아하게 된답니다

평생 당신을 사랑해서
당신을 닮는다는 것은
참 행복한 일입니다

새벽엔

시간과 시간이 얽혀
하루가 되고
하루와 하루가 얽혀
세월이 된다는데
치욕의 사슬에 묶여
어디로 흘러가나

오늘이 지나면
설마
내일이 오겠지
꺾어진 인생을 살아간들
별 대순가

하지만

인생에 때묻은 흔적들로
잠들어 누운
껍데기들이
새벽닭의
피 토하는 울음으로
하얀 옷을 입고 일어날까?

단풍

한 해 동안
참 수고 많으셨습니다

살다 보니
얼굴을 노랗게 만드는
어려운 일도 있으셨죠

얼굴 빨개지는
당황스러운 일도 있으셨죠

하지만,
이제는
기쁨의 결실을 가지고
평안히 쉬십시오

가을의 소리가 들리시나요

여름의 긴 태양에 지친
초록의 이파리들이
단풍을 꿈꾸는 시간

8월의 마지막 날에는
가을의 소리가 들린다

계속되는 열대야에
바람 한 점이 그리운 고양이는
창문에 걸터앉아
애처롭게 울어대고

교회 앞 백일홍이
붉음을 자랑하지만

8월의 마지막 날에는
가을의 소리가 들린다

꽃의 눈물

꽃은
새벽이 다 되기까지
울었습니다

당신을 사랑해도 될까요
별에서 온
어린 왕자처럼
꽃이 사람들에게 다가와 말했습니다

이제 막 피어오른 꽃은
만나는 사람들에게
아름다움으로 기쁘게 했고
전해주는 향기로
행복하게 했습니다

꽃은
바람의 시기에도
태양의 질투에도
사람들이 기뻐하는 것이
좋았습니다

“당신의 아픈 마음을 위로할게요”

피어오르면서부터 했던 약속
그 약속을 지키기 위해
꽃은 매일 울었습니다

꽃이 떨어지던 날 밤
밤새 울며
눈물과 함께 떨어졌습니다

언제 외롭지 않은 때가 있었던가

눈물로
밤을 지새우고
맞이하는 새벽

이젠
혼자라는 것을
온 몸으로 느끼는 시간

그래,
언제 외롭지 않은 때가 있었던가

많은 사람에게
둘러싸여 있어도
난 외로웠고
사랑하는 이와 함께 있어도
하나 될 수 없는 슬픔이
나를 더욱 외롭게 했다

삶은 외로움의 연속
길 한가운데 던져진
외로운 영혼의 몸부림이다

다시 사랑할 수 있을까요

우리,
다시 사랑할 수 있을까요
사랑에 대한 두려움으로
나로 인해 흘릴 눈물 때문에
용기 없이 뒤돌아섰지만

이제,
더 이상
당신을 향한 그리움을
참을 수 없습니다

그래서
다시 시작해야겠습니다

세례 요한의 노래

세상으로부터 칭송받던 자의 뼈가 부스러져
또 하나의 자녀가 태어나고
그 위에 정직의 영이 임하여
완악한 세대를 향해
진실을 말하였다

메뚜기, 석청으로
허기진 배를 채우더라도
진노의 자식들에게 소리쳤다
헐벗어 동물의 가죽으로
옷 입는 한이 있더라도
독사의 새끼들에게 호통을 쳤다
광야에서 유리하는 한이 있더라도
불의의 세대를 깨우쳐야만 했다
대쪽같은 마음으로 살아야 했다

어느 때였을까
자신의 앞에 무릎 꿇고
정직한 자가 되기를 원하는 무리 중
한 젊은이를 찾아내곤
프라하의 봄처럼
긴 침묵의 밤을 깨고

찬란한 새벽이
우리 앞에 올 것을 알았다

모든 불의가 깨어지고
모든 죄악이 사라지고
모든 절망의 몸부림에서
방황하던 영혼이 구원을 받고
반환했던 자유를
반환받아
동서남북에 넘쳐흐르는
자유, 평등, 평화, 행복
행복을 누릴 것을
확신했다

그리고, 그는
압제자의 칼날에
점점이 피 뿌리며
부르고 싶은 노래를 못다 한 채
초연히 죽어갔다

그를 보았기에

술래

한 줄기 빛에 눈먼 건지
한 방울의 비에 젖은 건지
난 알 수 없다
그러나
내가 알 수 있는 것은
가슴 저려 오는 마음

풀잎에 앉은
잠자리를 희롱하는
바람과 어울리는
소리 없는 나그네

느끼면 사라지고
사라지면 다시 찾지만
네가 술랜지
내가 술랜지

시간이 흐르면 늦어질 걸
그러나
지금은 알 수 없어

어젯밤 꿈은 아름다웠어
태초에 하나님이 온 세상을 만드시고
거기에
아담과 이브가 웃고 섰었다

베토벤의 선율이
오선지를 메울 땐
술래의 발자국 소리는
커져만 간다

슬픈 눈의 당신께

당신의 눈가에
슬픔이 가득하네요

이제, 내가 당신을 위하여

아침 햇살을 가득 담다 드릴게요
당신의 어두운 마음이
아침 햇살처럼 밝아지도록

기쁨을 조금씩 부어 드릴게요
당신의 슬픔 속으로
기쁨이 퍼져 가도록

새벽이슬을 굴려 드릴게요
당신의 갈라진 마음이
다시 생명의 땅이 되도록

그런 당신 속에
행복의 향기가 가득하기만
간절히 바랍니다

겟세마네

예수는 고민했다
배신을 놓고
골고다의 길을 놓고
십자가의 길을 놓고
땀방울이 맺혀 피가 되도록

도움을 청했다
베드로와
세베대의 두 아들에게
한 번이 아닌
거듭,
도움을 청했다

하지만,
그들은 자신의 문제에 쌓여 외면했다

하늘에서 뵈오리다

하중리 들녘을 날아오르는 백로처럼
월대봉의 장송처럼
나서 자란 연성 땅을
든든히 지킨 님이시여

자녀가 몇이시냐 물으실 때
다섯손가락 펴 보이시며
잠잠히 들여다보다
움켜잡으신 님이시여

해마다 봄이 되면 아픈 육신
잠시 손 얹어 기도할 때
하늘빛을 보셨다
기뻐하시던 님이시여

이제 먼 길 떠나
다시 뵐 수 없게 되었지만
이후에
하늘에서 뵈오리다

여름이 건넨 인사

여름이
교회 앞
채송화 꽃잎 위에
내려앉아 있다

장맛비에 젖어
지쳐있던 꽃잎은
멈춘 비 사이로
내민 햇살에
새 힘을 얻는다

이 지루한 장마가
끝나진 않았지만
여름이 건넨 짧은 인사가
반갑기만 하다

최고의 선물

당신에게
어떤 선물을 할까
생각해 봅니다

할 수만 있다면
최고의 선물을
하고 싶습니다

그러나
내가 하려는 어떤 선물도
나의 한 부분일 뿐
최고는 아닙니다

아무리 생각해도
최고의 선물은
나를 드리는 것입니다

그래서
나를 당신께 드립니다

도둑고양이 소리

언제 숨어들었을까
천장 속에서 나는
살금살금
도둑고양이 소리

가만히 숨어든
당신으로 인해
들킬까 말까 조마조마한
내 마음 속에
도둑고양이 소리

행복한 모습으로 서신 당신께

육십갑자가
다시 돌아온 시간
행복한 모습으로 서신 당신께
사랑의 마음 가득 담아
붉은 꽃 한 송이 드립니다

힘들고
어려운 길 마다않고
묵묵히 이겨내어
큰 나무로 서신이여

그 나무 그늘 아래
수많은 생명들이
생겨나고 자라서
행복한 꿈을 꿉니다

축하의 붉은 꽃
당신의 심장을 다시 데워
젊은 사자가 포효하듯
독수리 하늘을 날아오르듯
큰 빛을 향해 나아가십시오

우리도
사랑의 손 맞잡고
행복한 모습으로 서신
당신의 발자국을 따라갑니다

감나무의 노래

기억할게요

손 흔들며
떠나버린 사람들처럼
이파리가
낙엽 되어 떠나버린
가지 위에

덩그러니 남은
붉은 감 하나

하늘 아래
마지막 남은 것
그 하나가
감나무에게
감사의 노래가 된다

낙동강

어머니의 탯줄처럼
천년을 두고 온
민족의 생명줄
사람들의 한과 더불어 온 긴 세월
하고 싶은 말 안으로 안으로 침잠시키고

낙동강은 말없이 흘러만 간다

사유의 빛을 통해 삶의 개화를 탐구하는 시적 구도자의 마음

이 충 재(시인, 문학평론가)

1. 시작하는 말

누구나 봄이 되면 가벼운 흥분에 쌓이곤 한다. 이는 막 생동을 시작하는 새로운 자연의 겉과 속을 만나겠다는 기대치가 불러온 설렘 때문이다. 이와같이 늘 새로운 그 무엇을 만난다는 것은 인간의 가장 순수한 신경들을 즐겁게 요동치게 만드는 에너지가 있음을 발견하게 되는 순간을 경험하게 되는 일이다. 오늘날 신의 은혜에 기생하는 많은 사람들에게 있어서 문제는 있다. 이 중요한 요소를 지니고 살아가면서도 외연으로 끌어내지 못하고 영혼 깊이 잠식시켜두고 전진적 삶에만 전심전력을 다 하면서 살아가도록 부추기는 무지한 사람들의 속성으로서의 불온한 환경을 인정하지 않을 수도 없는 현실이 바로 그 이유다. 21세기 인류는 이러한 사람들에게 마치 '열정적인 사람', 성공의 마인드를 갖춘 '발전적인 성향의 사람'이라고 호명하곤 한다. 그러나 사실은 그 반대 선상에서 위로와 치유를 경험해야 할 당사자들임을 애써 부인하려고 하는 이유는 무엇인가 묻지 않을 수가 없다. 이 또한 시적인 도구로써 충분히 진단해야만 할 책임이 바로 시인들에게 있음을 권하고 싶은 어두운 밤과 같은 이 시대에서 빛(진리, 순수, 소통, 신뢰, 새로움으로 이끌어 나감 등)의 요청이 시급한 까닭이다.

그런데 우려가 깊어지는 것은 시대를 아파하면서, 시대를 올바르게 진단하고 치유해야 할 사명자로서의 시인들에게서 타인들을 향하고 서로를 위하는 진실된 아픔을 발견하기가 여간 어렵다는 것이다. 그들의 순수한 영적인 거울이 세속적 탐욕에 의해서 그 투명성을 잃고 있다는 데 문제의 심각성이 있다. 이런 세상에서 헤르만 헤세는 가벼운 요행술로 무장한 시인들을 향해서 날카로운 창과 무적의 방패로 격침시키고자 시도를 하고 있음을 본다.

"귀하께서는 왜 굳이 시인이 되려고 합니까? 공명심이나 명예욕에서 그렇다면 분야를 잘못 선택한 것입니다. 다시 말해 오늘날의 독일인들은 시인을 대수롭지 않게 여기며, 시인 없이도 그럭저럭 살아갑니다. 그것은 또한 돈벌이의 문제와도 관련이 있습니다. 귀하께서 독일의 가장 유명한 시인이 된다 해도 양말 공장이나 바느질 공장의 공장장이나 중역에 비해 여전히 가난뱅이에 지나지 않을 겁니다. 하지만 귀하께서 어쩌면 시인이 되려는 이상이 있을지도 모릅니다. 귀하께서 속으로 그런 생각을 품는 것은 시인을 독창적인 존재, 마음이 순수하고 감수성이 예민하며 경건한 사람, 섬세한 감각과 정화된 감정을 지닌 사람, 외경심을 지닌 사람, 혼이 담김 뭔가 고상한 삶의 영위를 갈망하는 사람으로 생각하기 때문입니다. 어쩌면 귀하께서는 시인을 수전노나 난폭한 사람과 반대되는 사람으로 생각할지도 모릅니다. 어쩌면 귀하께서는 시인이 되려고 열망하는 것은 시구나 명예 때문이 아니라, 시인이 겉보기에 자유나 고립을 누린다고 생각해서인지도 모릅니다. 하지만 가면을 쓴 위선적인 시인이 되지 않으려면 시인은 높은 정도의 책임감을 가져야 하고, 스스로 희생해야 합니다. 그렇게 되면 귀하께서는 시를 지음으로써 물론 올바른 길을 걷게 됩니다."

이는 필자가 항상 귀담아들으면서 시작 활동에 지침으로 삼고 있는 말이다. 이러한 말이 한반도에 착륙하였다는 것은 한반도의 시인들이나 시인과 시문학을 업으로 삼으면서 살아가는 이들의 영혼이 온전치 못하다는 반증의 결과이다.

새로운 피조물의 탄생으로 인한 경이로움도 잠시 이제는 불볕더위가 기승을 부리는 계절에 이르렀다. 더욱이 가깝고 멀리서 들려오는 시인들의 안부를 접하면 눈살을 찌푸리게 하는 일들이 하나둘이 아니다. 계절도 심적 여유의 폭을 현격하게 좁혀 놓았다. 그렇지 않아도 여유가 없는 시대인데, 더욱이 그 작은 틈으로 밀려오는 미세먼지와도 같은 탁한 소식들로 인해서 스스로 영혼의 창을 굳게 닫아걸어야 할 고독한 삶을 선택하고 싶은 슬픈 시대가 급격하게 빠른 속도로 우리 곁으로 다가오고 있다. 아니 이미 우리는 그렇게 고독해 하고, 온갖 정신적인 질환을 앓으면서 서서히 사멸해가고 있는 중이다.

이때에 신의 섭리('김평수 목사를 통해서 최철원 시인을 만나게 됨)와도 같은 우연 선상에서 최철원 시인의 작품들을 감상할 수 있었다. 원고를 받아들고, 일상을 물리친 채 처음부터 끝까지 읽어 가기로 마음을 먹었다. 한 편 두 편 작품을 감상하면서 시인이 지닌 영혼의 영역이 마치 순수한 꽃들 만개한 보기 드문 신비의 세계를 거니는 듯한 착각 속으로 나를 이끌고 다니는 그 무엇의 힘을 느낄 수가 있었다. 이는 바로 시의 힘이다. 순수한 영혼의 체험이 빚어낸 그 시의 힘을 지칭하는 것이다.

이미 시대가 많이도 변해 있다. 문단골 현실도 탁하기 이를 데 없다. 수많은 시간이 흐른 것에 비례하여 순수와 진정한 의미에서의 발전보다는 그렇지 못한 흉상들을 곁에 두고 한숨

소리를 품어 올려야만 하는 때에 우리 독자들은 위로의 노래를 들려줄 그리고 희망을 함께 선언하고 선포해 줄 그런 순수한 시인들을 만나기를 학수고대하고 있다. 시 독자들을 잃게 되는 제1차적 원인과 책임은 다름 아닌 자칭 시인들에게서 물어야 마땅하다. 그 즈음 최철원 시인의 작품들을 읽으면서 시 독자의 한 사람으로서의 내 영혼이 정화되는 것을 경험하게 되어 행복하다. 그만큼 시는 그 어느 예술 장르보다도 인간의 영혼을 위로하고 정화시키는 크고 놀라운 에너지이자 무기가 된다는 점을 기억하면서 최철원 시인의 시 세계로 접근해 보기로 하자.

2. 시의 숲으로 산책을 나서며

분명 최철원 시인은 빠르게 사라지는 세월의 속력에 예민하게 반응을 보이고 있는 모습이 독자들의 순수 렌즈에 클로즈업되어 맺히곤 한다. 이미 시집 제목(『사십을 앞둔 깊은 고독』)에서도 그렇거니와 시 작품 67편 중 유달리 계절을 소재와 주제로 삼고 전하는 시들이 제법 많이 눈에 띈다는 것도 그 이유다.

대략 그와 관련된 작품들의 목록을 살펴보면 다음과 같다. 「7월의 장맛비」, 「사십을 앞둔 깊은 고독」, 「시간의 포로」, 「25시 일기」, 「1월」, 「10월에는 고독이 낙엽처럼 내린다」, 「12월」, 「8월의 기도」, 「11월이 주는 말」, 「가을앓이」, 「2월」, 「5월의 연가」, 「6월의 이별」, 「가을맞이」, 「행복한 인생 여행」 등의 시편이 그 예다. 그렇다고 시인이 삶을 두려워하거나 순전한 가객으로서 감성을 헤프게 처리하고 있다는 말은 아니다. 이미 시인은 머리말에서 다음과 같이 시적 독자들에게 순수 최면('세상을 향해 흘려보내는 이 시들이 깊은 고독 속에 사는 이들에게 부디, 작은 위로가 되기를 소망한다.')을 걸어 놓고 있다. 이는 독자들을 향한 부정적 최면이 아닌 그들의 내면을 위로하고 누구에게나 거룩한 망명자로서의 경험을 통해 얻은 깨달음을 도구로 멘토가 되어 드리겠다는 겸허한 약속이 서로의 영혼과 영혼을 잇는 다리가 되고 있음을 확신하면서 건네는 소망의 증표인 셈이다.

향기 속에 오래 있으면
그 향기가 배어
깊은 향기를 가지듯이
손때 묻은 책은
그 책을 가진 사람에게
행복으로 물들게 한다

헌책방에서 만난
오래되고 낡은 책을 보며
세월이 지나면서
겉은 낡았지만
그 속에 가득 찬 보물이
거쳐 간 사람들을
얼마나 풍요롭게 했을까

나이 들어
헌책 같은 나를 본다

나는
나를 거쳐간 사람들에게
얼마나 행복하게 했으며
그들을 풍요롭게 했을까?

–「헌책방에서」 전문

업이 업이니 만큼 필자는 수시로 서점과 출판사 관계자들을 만나곤 한다. 요즘처럼 자료가 희귀본으로 둔갑을 하여 일반 서점에서 만나는 것이 어려워질 때면 더더욱 헌책방을 전전긍긍하는 습관이 도지는 법이다. 그곳에서의 만감이 교차하는 씁쓸한 경험도 적지 않음을 시인은 이미 경험하고 있음을 볼 수 있다. 책에다 저자의 친필 날인을 한 도서가 헌책방에 팔려 나오게 된 경위를 곰곰이 생각할 때의 마음과 한 번도 읽어 보지 않은 듯한 책이 값 몇 푼에 팔려서 진열된 것을 보게 될 때면 마음이 개운치가 않다. 그런가 하면 누군가 도서를 정독하고 중요 부분에 표시를 하는 등, 책과의 충분하고도 깊은 교감이 곁든 흔적을 보게 되면, 그 무명 대상이 된 그 인물의 인생 됨이 궁금해지고, 이어서 의미 있는 삶을 수놓아야겠다는 은밀한 교훈이 영혼의 근육을 당기는 것 같아서 행복할 때가 있다. 이 시를 가만히 보면 시인은 헌책방에서 사람 냄새, 삶의 고귀한 열정 그리고 그 틈새를 날아드는 인생들의 온갖 감각적 희로애락의 흔적을 발견하고 있음을 알게 된다. 그리고 이어서 시인 자신은 이후의 자신의 삶이 어떠해야 하는가? 혹은 이렇게 되어야 한다는 청사진이자 당위성을 스스로 그려나가고 다짐하는 등 인생 교훈으로 삼고 있음을 본다.

누구나
가슴 아픈 사연 하나는
가지고 산다

진주조개 속에 박힌
모래 알갱이처럼
가슴 속 깊이 박혀
어떤 따뜻한 말로도
위로받을 수 없는
내 마음속의 깊은 슬픔

꺼내 버리고 싶지만
꺼낼 수 없다면
그냥 품고 살겠습니다
오랜 시간이 지난 후
가슴 아린 사연은
영롱한 진주가 되겠지요

누구나
가슴 아픈 사연 하나쯤은
가지고 살기 마련이니까요
–「누구나 가슴 아픈 사연 하나는 가지고 산다」 전문

최철원 시인은 목회자다. 단순히 신앙공동체에서 나고 자라고 신학을 통하여 목회자가 된 것이 아닌, 사회구성원으로서 세상의 쓴맛 단맛을 충분히 경험한 후 깊이 있는 신학과 접목시킨 훈련을 토대로 인생 후반전을 영혼 구원에 걸고 살아가는 주의 신실한 종이다. 그런 시인이 들려주는 위의 시는 그 어느 치유 도서와 상담, 심리학 도서보다도 그리고 요란한 장시간의 강의보다도 애잔한 울림이 깊은 위로의 메시지가 된다. 뿐만 아니라 아무도 관계성의 푸른 대지로 초대하지 않아 우울을 깊이 앓고 죽어가는 뭇 영혼들에게는 새로운 삶의 에너지를 불어넣어주는 예기치 못한 기쁨이자 탁한 영혼의 공간을 맑게 만들어 주는 신선한 청량제와도 같은 용기 있는 멘토가 된다.

이와 같이 한 편의 시가 영혼의 깊은 상처를 안고 슬프게 살아가는 이 험난한 시대를 살아가는 이들에게 위로와 치유제가 된다는 것을 깨달은바 이미 정신분석학 분야에 종사하는 이들에 의해서 끊임없이 구원을 요청받고 있는 바다. ('누구나/ 가슴 아픈 사연 하나쯤은/ 가지고 살기 마련이니까요') 그러니까 홀로 힘들어하거나 아파하지 말고 손을 내밀어 서로의 손을 잡고 사랑과 신뢰의 수목들이 그리고 영원한 세계를 향하여 흐르는 시냇물이 풍부한 숲이 우거진 곳으로 동행하자고 시인은 초대를 하고 있다. 이것이 바로 영혼을 움직이는 리더십의 몸체인 것이다. 돈과 명예와 권력이라는 조건부 앞에서 길든 리더십이 아닌 마음과 마음을 위로하고 그 중심을 움직이는 리더십이 위의 시에 깊이 내재해 있음을 볼 수 있다.

위의 시 외에도 「어디 길이 먼저 있었던가」, 「그런 사람이 있었으면 좋겠습니다」, 「눈물이 때로 희망이 된다」, 「8월의 기도」, 「11월이 주는 말」, 「행복은 없습니다」, 「마음 미인」, 「함성으로 답하자」, 「그대 날 기억하나요」, 「천천히 걸어야겠다」, 「사랑은 참 힘이 듭니다」 등이 그 예에 해당하는 시들이다.

소풍 가는 아이처럼
들뜬 마음으로 만난 사람

하지만
난 참 바보다
좋아하는 사람이
옆에 있는데
손도 잡지 못하고
돌아서서 왔네

그리고 보낸 문자
"오늘 너무 고맙습니다"

그래,
참 바보다

–「난 참 바보다」 전문

이 시대는 덜 똑똑한 사람보다도 훨씬 더 똑똑한 사람들 천

지인 것 같다. 다른 말로 말하면 그만큼 잘난 척하는 사람들이 많다는 것이다. 부연하자면 내적 멋과 양식을 위하기보다는 겉멋만을 위해서 치장한 사람들이 즐비하다고도 할 수 있다. 그 똑똑하다는 사람들이 공동체를 망가뜨리고 나라의 질서를 무너뜨리고 관계성에 심한 앙금을 자아내는 원인자가 된다는 것을 모르고서야 하는 말이다. 최철원 시인은 그들을 향해서 '난 참 바보다'라고 시로써 항변하고 있다. 그런데 쥐뿔도 순수성, 영성, 인간성을 지니지 못한 채 물질적으로 변질된 사조에 깊게 물든 인간들에게는 없고 최철원 시인에게만 있는 것이 있다. 그것이 바로 시인이 끝말처럼 던진 따스한 한마디다. "오늘도 너무 고맙습니다" 이것이 시인에게는 있고 저들에게는 부재한 아주 심각한 문제인 것이다. 여기서 시인은 밀의 말을 차용하여 내적으로 호소하고 있다. 이 가식적이고 외식적인 인간들아 "배부른 돼지가 되기보다는 불만에 가득 찬 소크라테스가 되어라" 이와 같은 인생선언은 누가 할 수 있는가? 바로 참말 바보라고 자기 내면의 세계를 고백할 줄 아는 순수한 시인만이 아주 자연스럽게 고백하는 내적 에너지인 것이다.

아픈 가슴
말로 할 수 없어
눈물이 납니다

하지만
이 눈물이
땅에 떨어져
새로운 씨앗을
움트게 하는
힘이 된다면

이 눈물은

때로 희망이 됩니다

– 「눈물이 때로 희망이 된다」 전문

여성이 세상에 내보이는 눈물과 남성이 소리 없이 흘리는 눈물의 차이를 구별하자면, 여성은 보이는 액체로서의 눈물이고, 남성은 내적으로 흘러 남근을 통해 흘러 사라지게 하는 마른 눈물이라고 할 수 있다. 그렇다고 여성만이 아픔을 표현할 줄 알고 남성은 표현의 능력을 상실했다고 단정 짓기는 어려운 것이다. 바로 시인은 이런 현상을 꼬집어 이 시대를 거슬러 살아가는 거룩한 망명자적 삶의 주인공으로서의 남성의 애환을 고백하고자 함이다. 그런 까닭에 남성의 눈물은 "떨어져/ 새로운 씨앗을/ 움트게 하는/ 힘이 된다" 암 박사로 알려진 이병욱 박사는 『울어야 삽니다』에서 눈물의 의미를 설명하면서 마음의 면역력을 높여주는 힐링 주체로서의 눈물을 지칭하고 있다. 눈물도 여러 종류가 있다고 한다. 의지와 목표설정 그리고 비장감이나 행복에 겨워 흘리는 눈물의 엑기스와 반대 현상에서 흘리는 눈물의 엑기스의 차이는 생명과 죽음, 긍정과 부정으로 귀결된다는 설명도 덧붙인다. 그렇다면 시인이 지금 고백하고 있는 것도 일맥상통한다고 할 수 있다. 시인이 주장하는 눈물, 시인이 흘려온 눈물과 앞으로도 시대와 불쌍한 영혼들을 위해서 흘리는 눈물은 '희망'이 충만한 결과를 낳게 된다는 것을 확신하는 공감의 시로 읽히는 데는 다 그 이유가 있기 마련이다.

북쪽의 찬바람을
온 몸으로 막아선
자작나무는
곧고 단단한 몸을
하늘 끝까지 펼치고
온 몸이 하얗게 되도록

견디고 서 있다

– 중략 –

봄은, 그렇게
온 몸으로
견디며 기다리는
자작나무 숲의
작은 오솔길 사이로 오나 보다

–「자작나무는 봄이 어떻게 오는지 알고 있다」 1, 3연

자작나무는 추운 나라에서 식생 하는 침엽수종이다. 우리나라에서는 강원도 인제읍 원대리에 가면 자작나무 숲이 풍광을 자아내곤 한다. 눈 내리고 난 자작나무 숲에 들면 그 경치는 경이롭다 못해 스스로를 기절케 한다. 봄이 와도 그렇게 별다른 폼을 자아내는 특별한 자태를 보여 주질 않지만, 자작나무는 그 봄이 오는 모습을 하나 남김없이 가슴에 품고 있다가 오솔길 하나 내어 주곤 길 한 쪽으로 비켜서서 하늘을 향해 봄의 전령들을 위해서 기도를 한다. 시인도 마찬가지다. 전자에서 밝힌 바와 같이 최철원 시인은 목회의 길을 가기 전 이미 이 시대가 제공한 병적인 현상과 성공적 관계성이 낳은 모순으로서의 인간문제의 심각성을 파악하고 있다. 그래서 시인은 인생 후반은 신께 자신의 일생을 의탁하고 기도 생활을 하고 있는 것이다. 마치 봄을 온 몸으로 견디며 기다리는 자작나무처럼 요란하지도 않고 찬란하지도 않은 모습으로 상한 영혼 누구나 모두가 행복하기를 바라는 그 오솔길 하나 내어 주는 일에 헌신을 맹세하고 주의 길을 향한 순례의 길을 나서고 있는 것이다.

형아야

이제는 내 고향 남쪽 바다로 돌아갈란다
파아란 카바이드 불빛 아래
회와 꼼장어를 구워놓고
죽마의 친구들과
술잔을 기울이는 남쪽의 바닷가로

– 중략 –

나 집 떠나 서럽던 마음
부두를 떠나는 배에 실어
깊은 물 속에 잠재울 수 있는
남쪽의 바닷가
형아야
우리 집으로 돌아갈란다

–「형아야 돌아갈란다」 1, 3연

21세기의 삶은 어디 한 곳 고달프지 않은 곳이 있겠는가? 그곳이 찬송가 울려 퍼지는 예배당 풍경이거나 사랑하는 사람과 마주하며 차 한 잔의 그리움을 나눌 수 있는 절경의 카페라 할지라도 모든 곳이 고달픔을 안으로 감추고 애써 미소를 지으면서 관계할 뿐, 세상은 온통 불신과 경쟁과 대립적인 구도가 불러내는 상대성 평가란 잔인한 결과물 앞에서 서로를 힐난하라고 강요하기도 하는 그 슬픔과 아픔의 근원들이 곳곳에 도사리고 있다가 우리 인간들을 급습하여 넘어뜨리게 하는 것이 현실이다.

그럴 때일수록 우리는 어디론가 나그네 되어 떠나고 싶은 마음에 밤잠을 설치며 눈물을 흘리곤 한다. 위의 작품을 읽다가 보면 지금까지 시인이 살아오면서 경험했던 그 삶의 애환이 위의 시의 길목을 지키고 서서 위로의 손길을 건네고 있는 듯하다. 마치 시인이 옛 풍광을 자아내며 신을 맞이하는 친근감 넘치는 모성애를 닮은 사람들이 머물고 있는 고향으로 떠나고 싶은 간절한 마음이 엿보인다. 그러나 이내 시인은 그 이후의 삶이 어떠해야 하고 또 그렇게 될 수밖에 없다는 신의 섭리를 알고 순종의 신앙으로 돌아서서 기도하는 모습을 암묵적으로 보여 준다. 인간은 어느 한 사람 예외 없이 고향을 떠나온 나그네요, 본향을 향하여 한 발자국 두 발자국 내딛는 순례가 아니겠는가. 마치 소풍을 즐겁게 마치고 본향으로 돌아 가노라는 시인 천상병의 순전한 고백과도 같이 말이다.

알고 계세요
'당신을 사랑한다'는 말보다
'당신을 닮고 싶습니다'라는 말이
훨씬 더 깊은 표현이라는 거

사랑은 과정이지만
닮는 것은 사랑의 결과입니다

사랑하게 되면
당신의 생각
당신의 습관
당신의 표정까지
좋아하게 된답니다

평생 당신을 사랑해서
당신을 닮는다는 것은
참 행복한 일입니다

–「당신을 닮고 싶습니다」 전문

위의 시를 읽다가 문득 한 편의 시에 마음과 눈의 각도가 고정됨을 느꼈다. 그 시가 바로 「내 마음에 바람이 분다」와 「형아야 돌아갈란다」이다. 그리고 두 편의 시를 종합적으로 연계해 주는 시로써 위의 시 「당신을 닮고 싶습니다」를 들 수 있다.

다시 말하면 모든 것은 말로만으로는 성사시킬 수 없다는 결론이다. 말은 언제나 변심에 이를 수 있다. 아무리 사랑한다고 해도, 곧 증오를 불러일으킨 동기부여가 먼지 한 톨의 힘만으로 다가와 우리의 영혼을 자극한다면 이내 형제가 적이 되고, 사랑이 증오로 변하고, 또한 기쁨이 슬픔과 아픔으로 변하기 일쑤다. 어디 이뿐이겠는가 온갖 현상들의 모형이 뒤바뀌기는 것이 예사라는 것은 독자들 모두가 부인할 수 없는 사실이 아닌가. 그래서 최철원 시인은 위의 시에서 입술로 할 수 있는 약속, 희망 말고, 유전자가 아니 영혼이 꼭 당신(하나님)을 닮게 해 달라고 애원하고 있는 것이다. 그래야만 비로소, 인간으로서 미움과 질투, 그리고 신 앞에서 신을 부인하는 죄를 짓지 않는 순결한 영혼으로서의 본향을 향할 수 있다는 믿음의 절정을 맞게 해 달라고 간곡히 기도하는 것이다.

이 기도, 이 소망이 시인 자신을 새로운 피조물로 거듭나게 할 수 있도록 힘을 주고, 영혼의 중심을 굳건하게 잡게 하는 동기물로서의 믿음의 결단이 바로 시 「다시 사랑할 수 있을까요」 – '이제,/ 더 이상/ 당신을 향한 그리움을/ 참을 없습니다// 그래서/ 다시 시작해야겠습니다'에 고스란히 투영되고 있음을 본다.

3. 시집 읽기를 마치며

최철원 시인의 초기 시들을 감상하기를 마쳤다. 시인이 우려했던 「사십을 앞둔 깊은 고독」 –'십 년을 넘게 살아온 마누라는/ 모래알 같고/ 자라 올라오는/ 아이들의 모습에서/ 두려움이 앞선다// 어디를 둘러보아도/ 내 자리가 없는 세상// 나는 길을 잃었다'은 모두 사라지고, 신 앞에서와 신도들 그리고 독자들 앞에서 시인과 하나님의 종으로서 의연하게 소통하고 기도하는 모습「시인의 기도」-'사막의 여행자가/ 죽을 것 같은 갈증으로/ 한 모금의 물을 구할 때/ 내 눈물로 짜낸 시가/ 오아시스가 되기를// 인생의 길을 갈 때/ 깊은 절망 속에서/ 무언가를 붙잡고 싶을 때/ 내 오랜 인내로 길러낸 시가/ 희망의 나뭇가지가 되기를// 얼음장처럼 식어/ 세상 어디에도/ 따뜻함을 찾을 수 없을 때/ 내 가슴 속 깊은 곳에서/ 누에처럼 뽑아낸 시가/ 한 벌 털옷이 되기를 갈망한다'

한국 시단에 희망이 보인다. 일전에 시적 인생을 먼저 산 김종삼 시인의 아픈 고백을 떠 올려본다. "나는 사진사처럼 그러한 아무도 봐주지 않는 토막 풍경들의 셔터를 눌러서 마구 팔아먹는 요새 시인들의 그릇된 버릇들을 노상 고약하게 생각해 내려오는 터이다. 시단의 '헤게모니'는 우리들의 경우에 있어서 더욱이 이 고약한 풍속 속에 누적되어 가는 것이니, 이것은 비단 내 혼자만의 탄식은 아닐 것이다. 어쨌든 나는 자연을 복사해 버리는 낡은 사진사들의 틈바구니에 끼어서 그래도 시랍시고 몇 줄의 글을 써 왔던 경력을 몹시 부끄럽게 생각하고 있다뿐이지 그 이상 별수를 내지 못했으니 또 별수 없이 이 시작 노트에 손을 댄 셈이다"(김종삼,「의미의 백서」,『한국의 전후 문제 시집』).

한국 시단의 평적인 요소를 지적한 또 한 사람의 글을 거울이미지 속에 비추어 보기로 한다.

"이제 파당적 편견의 색안경을 벗자. 그래서 진정한 문학적 열과 열로써 결합된 문학 이념을 위한 그룹을 결성하자. 그러면 누구의 말처럼 '반대당 문학적 이념에의 영원한 매력'은 있어도 반복은 없어질 것이다. 그리하여 그러한 덩굴의 싸움은 끝나야 한다. 문학인의 싸움은 장미밭의 전쟁이다. 아름다운 자기 장미밭을 수호하는 싸움은 장미와 같이 아름다워야 한다. 시의 이념을 위하여, 산문의 정도를 위하여 싸우는 것이라면, 문단적 실리는 위해서가 아니라 내일의 문학을 위하여 싸우는 것이라면 도리어 우리의 장미밭은 더욱 풍성해질 것이다. 지금 독자는 배고프다. 그들은 문인들의 추태와 그 희극의 연기를 구경하려는 것이 아니라 그들은 지금 고갈한 정신을 축여 주는 이슬과 같은 시를 원하고 있다. 그러니 이해의 문단은 독자들을 위해서라도 화목해야 한다. 덩굴의 싸움에서 뿌리의 싸움으로…"(이어령의 『장미밭의 전쟁』 중에서)

이 기대를 바로 최철원 시인에게 걸어 본다. 왜? 시집 『사십을 앞둔 깊은 고독』에서의 시인의 정신이요 삶이라면 확언컨대, 독자들의 시적 배고픔을 그리고 고갈한 정신을 가득 채워 줄 적임자이기 때문이다.

끝으로 최철원 시인의 인생 연주에 기대를 걸어 본다. 쇼팽을 연주하고 바흐를 연주하는 등 자신의 또 다른 삶의 장화와 비움을 경험하기 위해서 생업과 철학과 정치 현장에서도 건반 위의 여운을 사모했던 건반 위의 철학자 장 폴 사르트르와 드리드리히 니체와 칼 바르트와 같이 목회현장과 문학현장에서 그리고 가장과 사회의 이질적인 모순을 직시하고 있는 또 다른 현장에서 신의 섭리를 잘 연주하는 시인으로서의 인생에 기대를 걸어 본다. 왜? 이 시집에 실린 시편들의 자아 성찰과 사람을 이해하고 영혼을 사랑하고 자연을 사랑하는 그 순수 힘을 충분히 발견했기 때문이다.

그림과책 시선 191

사십을 앞둔 깊은 고독

초판 1쇄 발행일 _ 2019년 7월 17일

지은이 _ 최철원
펴낸이 _ 손근호

펴낸곳 _ 도서출판 그림과책
출판등록 2003년 5월 12일 제300-2003-87호

03030 서울 종로구 통일로 272, 210호(송암빌딩)
도서출판 그림과책
전화 (02)720-9875, 2987 _ 팩스 (02)720-4389
도서출판 그림과책 homepage _ www.sisamundan.co.kr
후원 _ 월간 시사문단(www.sisamundan.co.kr)
E-mail _ munhak@sisamundan.co.kr

ISBN 978-89-94753-90-4(03810)

값 10,000원

이 도서의 국립중앙도서관 출판예정도서목록(CIP)은 서지정보유통지원시스템 홈페이지(http://seoji.nl.go.kr)와 국가자료공동목록시스템(http://www.nl.go.kr/kolisnet)에서 이용하실 수 있습니다. (CIP제어번호 : CIP2019026221)